Uroš Petrović

Bajke

Prvih sedam

Ilustrovao Aleksandar Zolotić

Laguna

Bajke

Prvih sedam

Sadržaj

Belina

USevernom ledenom okeanu rodilo se mladunče belog kita, a mati ga je nazvala zviždukom koji je zvučao otprilike kao Fju. Dobro je pazila na njega, znajući da bi ga svako odvajanje izložilo velikim opasnostima plavog beskraja. Tako su njih dvoje veselo ronili od mračnih dubina do uvala sa plovećim santama leda, izlazeći na površinu samo da udahnu reski vazduh severa.

Baš u jednom od uskih dugačkih zaliva dogodi im se nešto strašno – opkoli ih jato orki, kitova ubica. Voda se uskomeša. Grabljivci su kidisali sa svih strana. Tada Fjuova mati naglo zaroni ispod svog mladunčeta i mekim čelom ga snažno odbaci nagore. Iznenađeni mališa izlete iz vode i pade na obalu prekrivenu dubokim snegom.

Ustalasana voda se ubrzo umiri. Nastalu tišinu narušavali su samo nemušto oglašavanje malog kita i udaljeni zov gladnih belih medveda. Fju je bio uplašen. Pokušavao je da dozove majku, ne sluteći da bi njegovi zvižduci mogli da privuku i nekoga kome poziv nije upućen.

I zaista, jedno biće ogrnuto gustim krznom opre-
zno se šunjalo ka nasukanom mališi. Bio je to Panuk,
dečak čije ime na jeziku naroda Inuita znači „ostrvo“.
Nosio je oštro koplje sa reckastim vrhom i torbu od
medveđeg krzna.

„Otkud ti tu?", reče iznenađeno kada vide malog kita usred snega.

Njegov narod je oduvek lovio kitove beluga da bi opstao, te mali lovac u prvi mah zamahnu kopljem ka uplašenoj životinji. Očajni Fju ispusti mukli zvižduk, i u dečaku se nešto prelomi – opasni kitolov na surovim talasima okeana bio je jedno, a bespomoćno mladunče pred njim nešto sasvim drugo. Panuk odbaci koplje i poče da gura mladunče ka vodi. Iako je Fju već bio dvostruko teži od dečaka, njegova glatka koža je lako klizila po snegu. Ulažući krajnji napor, mali Inuit konačno dogura mladunče do same ivice, i tren potom ono bućnu u spasonosnu hladnu vodu.

„Pazi se grabljivaca, ali čuvaj se i mene ako se budemo sreli kao odrasli!", doviknu mu zadihani dečak.

Mali kit zaroni u veliko plavetnilo. Gladan i uplašen, brzo je gubio snagu. Tada se nad njim nadvi velika senka. Bila je to odrasla, moćna životinja – njegova mati. Ipak je uspela da umakne orkama! Bili su presrećni što su opet zajedno. Čim ga je nahranila, Fju živnu i opet posta ono veselo i radoznalo mladunče kao pre.

Dečak Panuk nikada nikome nije pričao o svom susretu sa Fjuom. Znao je da bi ga odrasli prekorili što je ostao bez lakog ulova u njihovim surovim životnim uslovima. Ipak, nimalo se nije kajao zbog svog čina. Osećao je da bi ga savest morila da je postupio drugačije.

Mnogo godina kasnije dogodi se nešto što je ušlo u mitove i legende Severa, što se i danas prepričava kraj toplih ognjišta unutar iglua, inuitskih kuća od leda. Naime, jednom je moćni lovac Panuk, slomivši koplje, razbesneo ogromnog belog medveda.

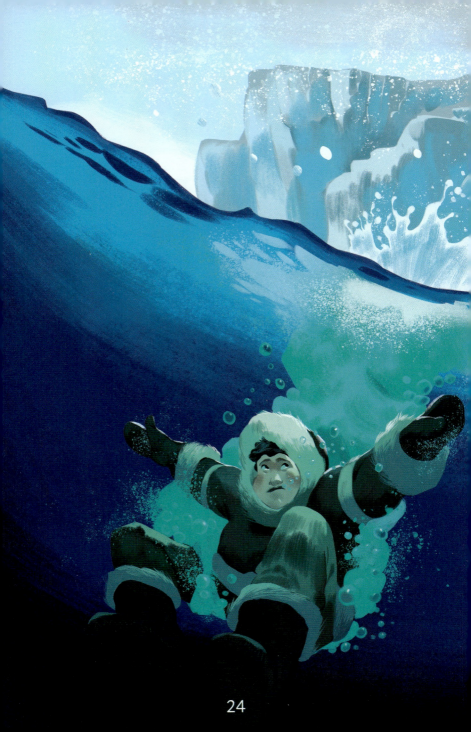

Kada ga razjareni gorostas napade, lovac iz očaja
skoči u ledenu vodu. Zver se, uz veliki pljusak, sjuri
za njim. Tada se dogodi čudo – pod Panukom izro-
ni belo ostrvce, mekano i glatko, koje ga odnese do
sigurne, udaljene obale.

Ava i kiša

Zvala se Ava i imala je šest godina. Živela je na lepom imanju okruženom beskrajnim četinarskim šumama. Njeni roditelji su održavali usamljenu meteorološku stanicu na obližnjem brdu i pisali naučne radove o vetrovima i oblacima.

Tako je devojčica rasla uz cvrkut ptica i sve blagodeti prirode, ali je posebno razvila jednu strast – više od svega volela je kišu. Čak i kada je pljusak, nisu je mogli zadržati u kući. Trčala bi po baricama i igrala pod rojevima kišnih kapi. Uživala je u vodi sa neba kao da je ta čudesna predstava samo za nju priređena. Dok su se čak i odrasli bojali munja i grmljavine, Ava se svakom prasku radovala kao da je reč o najraskošnijem vatrometu.

Kroz prozor sa koga se slivala voda, roditelji su, sve zabrinutiji, posmatrali njen ples sa kišom.

„Nešto konačno moramo da učinimo", reče otac odlučno.

I tako je Avu, kad se vratila u kuću posle jednog veli-
čanstvenog nevremena, sačekala tužna vest. Saopštili
su joj je dok je stajala pred njima mokra, blatnjava i
srećna.

„Nema više boravka napolju dok pada kiša! To jed-
nostavno nije normalno", reče joj strogo otac.

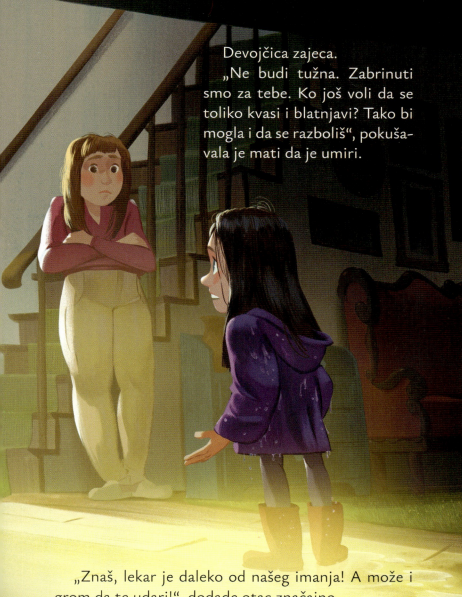

Devojčica zajeca.

„Ne budi tužna. Zabrinuti smo za tebe. Ko još voli da se toliko kvasi i blatnjavi? Tako bi mogla i da se razboliš", pokušavala je mati da je umiri.

„Znaš, lekar je daleko od našeg imanja! A može i grom da te udari!", dodade otac značajno.

Ava je samo tiho plakala i potom se povukla u svoju sobu.

„Bolje je ovako. Proći će je", složiše se njeni.

Prođe tako nekoliko sedmica. Ava se igrala, čitala knjige i pomagala u domaćinstvu, kao i ranije. Ipak, činilo se kao da se devojčica manje smeje.

„Deca se menjaju. Možda postaje zrelija", reče otac.

Još jedna promena postajala je sve primetnija – kiše nije bilo ni na pomolu. Ni kapi.

Suša potraja.

„Ovo je veoma čudno. Ovoliko dana bez kiše na ovom području nikada nije zabeleženo...", umovao je Avin otac posmatrajući besprekorno vedro nebo.

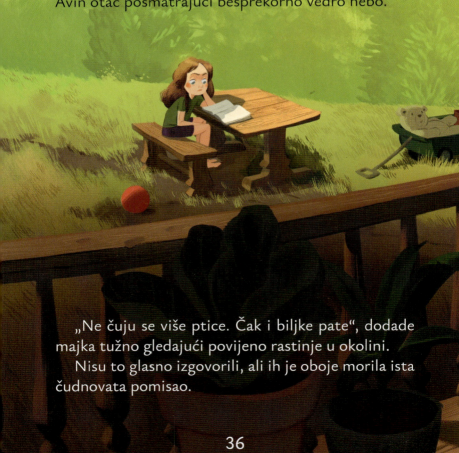

„Ne čuju se više ptice. Čak i biljke pate", dodade majka tužno gledajući povijeno rastinje u okolini.

Nisu to glasno izgovorili, ali ih je oboje morila ista čudnovata pomisao.

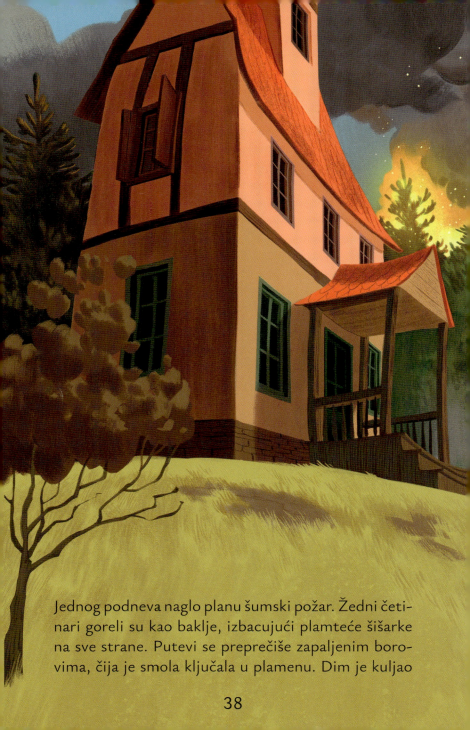

Jednog podneva naglo planu šumski požar. Žedni četi-
nari goreli su kao baklje, izbacujući plamteće šišarke
na sve strane. Putevi se preprečiše zapaljenim boro-
vima, čija je smola ključala u plamenu. Dim je kuljao

naviše   praveći
zastrašujuće vijugave
zastore. Izgledalo je kao da se pakao
iz bezdana izdigao na površinu zemlje.

Podivljala vatra okruži kuću Avine porodice. Očaj-
ni ukućani su prestravljeno gledali u razuzdanu stihi-
ju koja je grabila ka njima.

„Mogu li napolje da zaigram?", iznenada upita
devojčica.

Roditelji se pogledaše i ne izustiše ni reč. Ava istrča napolje i zaigra raširenih ruku, lica podignutog ka nebu.

Naoko niotkuda nahrupiše tamni oblaci. Zagrme. Snažan, nezapamćen pljusak stušti se sa nebesa. Za nekoliko trenutaka vatra se predala.

Ava je ponovo bila mokra, blatnjava i srećna.

Šuma se s vremenom obnovi, ptice se vratiše i zapevaše, a Avi više nikada nisu branili da igra sa kišom.

Gospodar
svitaca

Glavnog junaka ove bajke zvali su Miša Mrak. Naravno, dečak se nije tako prezivao. Mrak mu beše nadimak koji su mu nadenuli drugi dečaci, rugajući mu se jer se oduvek bojao mraka.

„Miša Mrak! Miša Mrak!", dovikivali bi mu čim bi ga ugledali.

Miša je zbog toga bio prilično tužan i izbegavao je društvo ostale dece. Retko je izlazio iz kuće pa je počeo mnogo da čita. Dok je čitao, više nije bio toliko tužan i usamljen – činilo mu se da i sam doživljava sve te pustolovine opisane među šarenim koricama knjiga.

U jednoj od njih pročitao je rečenicu koja mu se učinila posebno važnom. Glasila je:

Čuda se događaju svakog dana – promeni svoje mišljenje o tome šta je čudo i videćeš ih svuda oko sebe.

I gle, stvarno! Čim je pogledao kroz prozor, čuda se pojaviše svuda oko njega!

Debeli golubovi koji lete, ogromno drveće izniklo iz malenog semena, voda sa neba koja pljuska naokolo...

„Život je, zaista, prepun čuda!", zaključi on radosno.

Pročitao je zatim još jednu lepu rečenicu, i upamtio ju je. Ona je glasila:

Ko u čuda veruje, taj čuda i stvara.

„I ovo je veoma zanimljivo", pomislio je.

Ali još uvek se plašio mraka. U njemu se nije moglo uraditi ništa, a kamoli stvoriti neko čudo...

Kada je iščitao sve knjige za decu koje je imao, roditelji mu rekoše da je već dovoljno veliki da se učlani u malu biblioteku na kraju grada, i da tamo može pozajmiti koju god knjigu poželi.

Kada je Miša krenuo ka biblioteci, nekoliko obesnih dečaka ga presrete i pojuri.

„Mišu u mrak! Mišu u mrak!", vikali su razdragano.

Uhvatiše ga i uguraše u nekakvu napuštenu šupu, gde ga ostaviše samog u mraku. Samog u mraku!

Miša je bio toliko prestrašen da nije mogao ni da se pomeri. Jecao je i drhtao. Pomislio je da nikad više neće ni moći da izađe i toliko poželeo makar malo spasonosne svetlosti da... prizva čudo!

Prvo se, odnekle iz mraka, pojavi jedan. Potom još jedan. Još osam. Za nekoliko trenutaka pojaviše se oko njega stotine svitaca koji su u veselom roju osvetljavali sve unaokolo, sve u šta bi pogledao.

Miša je bio presrećan. Skakao je od radosti, smejao se i igrao u oblaku svetalaca koji ga je okruživao gde god bi se pomerio.

Sada kada se više nije plašio i kada je sve oko sebe video i prepoznavao, lako je otvorio vrata iznutra. Kada je banuo pred iznenađene dečake, baš one koji su ga zatočili u mraku, onako okružen mnoštvom svetlucavih iskri, oni se razbežaše.

59

Dečak je stekao moć da dozove svice kada god
poželi. Čak je jedne večeri čitav svoj gradić okitio
živim lampicama, priredivši svima nezaboravnu pra-
zničnu čaroliju.

I tako se Miša više nikada nije plašio mraka. S vremenom i oni nevaljali dečaci prestaše da ziru od Miše pa mu čak postaše i drugari.

Jedino mu zauvek osta nadimak – Miša Mrak. Ipak, i to *Mrak* je s vremenom počelo da zvuči baš nekako dobro, ali to je već neka druga priča...

Veveričina čudna navika

Živela je u malom parku okruženom niskim, veselo obojenim zgradama. Volela je prisustvo ljudi jer su je ta bića, njoj čudna, često hranila orašastim plodovima. Pored toga, posedovala su mnogo zanimljivih predmeta. Zato je volela da ulazi u njihove četvrtaste rupe i iz njih ponekad ponešto odnese, ali i u njih unese. Umesto stvarčice koju bi izabrala, uvek bi ostavljala neku drugu. Razlozi za tu aktivnost nisu bili sasvim jasni, niti naoko smisleni, no životinje na slobodi, za razliku od ljudi, vreme i energiju nikada ne troše uzalud.

Stanovnici kuća načičkanih oko parka viđali su vevericu i radovali se njenoj pojavi. Ipak, nisu ni slutili da je ta zverčica razlog zbog kojeg su im pojedine stvari nestajale i bivale zamenjene drugim drangulijama.

Tako je jedan nestrpljivi dečak, umesto svoje kockice za igru, pronašao lopticu za stoni tenis.

Pa je jedna učiteljica u penziji, umesto svoje malene lupe za čitanje, pronašla kockicu za igru.

Pa je jedna devojčica sa loknama, umesto svoje pištaljke, pronašla malenu lupu.

Pa je jedan usamljeni mladić, umesto svoje loptice za stoni tenis, pronašao pištaljku.

Ma kako bezazleno te male trampe izgledale, usledile su dugoročne posledice...

Nestrpljivi dečak, umesto da izraste u progonjenog kockara, postao je sportski šampion. Ispod gomile zlatnih medalja i pehara, na posebnom mestu, držao je svoju prvu lopticu za stoni tenis. Po završetku karijere osnovao je veoma uspešnu sportsku školu koju su pohađale generacije budućih asova.

Učiteljica u penziji, koja je ostala bez malene lupe, bila je nadahnuta pronađenom kockicom. Osmislila je novu stonu društvenu igru i od zarađenog novca preuredila trošni dom za stare, pretvorivši ga u rajsko mesto za boravak i druženje, u kojem je i sama spokojno skončala. Igra koju je osmislila pokazala je značajne rezultate u održanju umne kondicije i prevenciji staračke zaboravnosti.

Jedna se devojčica sa loknama, zahvaljujući malenoj lupi, zainteresovala za oku nevidljiv svet. Bila je oduševljena šta sve može da se vidi kroz ispupčeno stakalce. Kasnije je doktorirala molekularnu biologiju

i jednom je prilikom, tražeći nešto sasvim drugo,
pronašla lek protiv teške bolesti koja je morila svet.
U njena se dostignuća, između ostalih, ubrajalo i
otkriće rasprskavajućeg sredstva protiv zlo-
slutnog parazita koji je napadao hrastove.

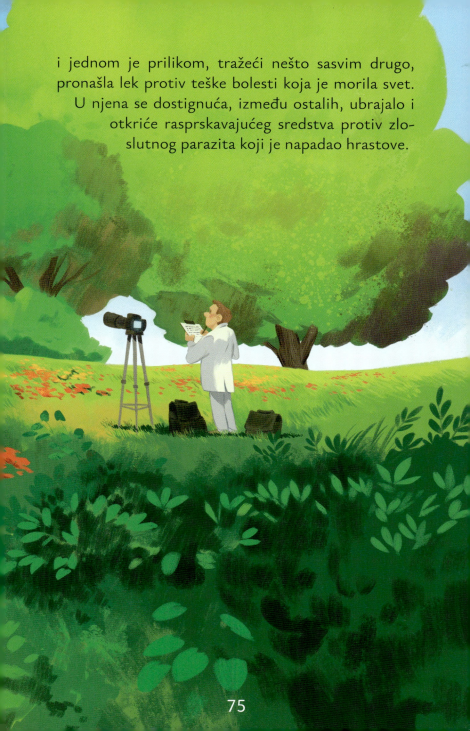

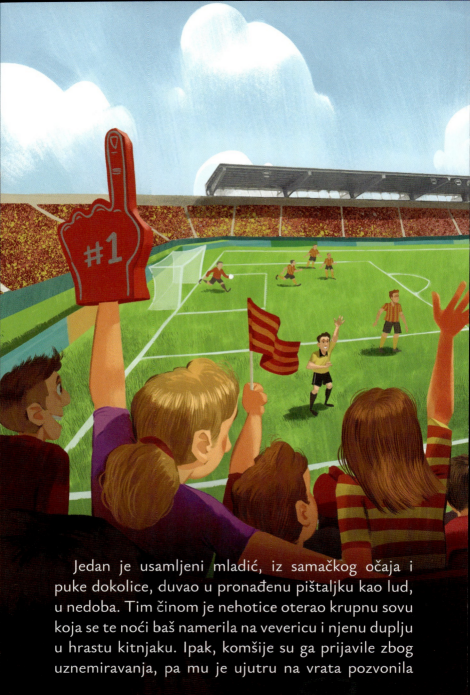

Jedan je usamljeni mladić, iz samačkog očaja i puke dokolice, duvao u pronađenu pištaljku kao lud, u nedoba. Tim činom je nehotice oterao krupnu sovu koja se te noći baš namerila na vevericu i njenu duplju u hrastu kitnjaku. Ipak, komšije su ga prijavile zbog uznemiravanja, pa mu je ujutru na vrata pozvonila

komunalna policajka. Porazgovarali su o njegovom izgredu uz čaj od lipe, koji joj je ljubazno ponudio. Obećao joj je da se uznemiravanje komšiluka neće ponoviti i, nekoliko sedmica kasnije, da će joj biti veran do kraja života.

A, da! Postao je čuveni fudbalski sudija i mnogo su putovali.

Veverica je dobila potomke kojima je usadila neobičnu naviku da razmenjuju mesta raznim malim predmetima po četvrtastim rupama u kojima žive ljudi. Njena se loza raširila po čitavom svetu, i niko nikada nije saznao u kojoj je meri ta mala krznašica zaslužna za značajno bolji svet.

Do ovog trenutka.

Lirin glas

Od kada se Lira rodila, njeni roditelji su joj pred spavanje prvo čitali bajke, a potom pevali uspavanke, nagnuti iznad kolevke.

Tako je ona, istog trenutka kada je progovorila, počela i da peva. Glas joj je bio nestvarno lep i zvonak, takav da bi mogla da peva solo deonice u horu anđela.

Glas o njenom glasu čuo se daleko, čak i tamo gde nikako nije trebalo da se čuje.

U njenom gradu živela je Ankora, vremešna profe-
sorka latinskog i neostvarena pevačica. Pušila je lulu
i imala grozan glas – kada bi zapevala, zvučala bi kao
kad neko noktima grebe kožni bubanj iznutra.

Kada je jednom prilikom prolazila pored devojčinog prozora i čula njen glas, probudi joj se grozna zavist, otrovna kao dim iznad fabrike mišomora.

Samo su malobrojni znali da je Ankora bivša veštica, izbačena iz Udruženja građana „Penzija za veštice" jer je čak i u toj družini uspevala da pravi neoprostive pakosti.

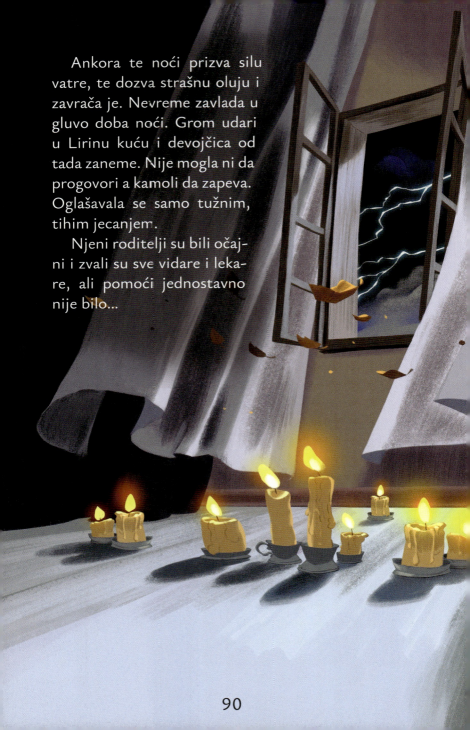

Ankora te noći prizva silu vatre, te dozva strašnu oluju i zavrača je. Nevreme zavlada u gluvo doba noći. Grom udari u Lirinu kuću i devojčica od tada zaneme. Nije mogla ni da progovori a kamoli da zapeva. Oglašavala se samo tužnim, tihim jecanjem.

Njeni roditelji su bili očajni i zvali su sve vidare i lekare, ali pomoći jednostavno nije bilo...

Jednoga dana pred Lirinu kuću dođe starica koja očitava struju. Dolazila je u njihovu ulicu svaka tri meseca i niko na nju nije obraćao previše pažnje, iako je zapravo bila veoma zanimljiva – bila je dugogodišnja predsednica Udruženja građana „Penzija za veštice".

Kad srete Liru, došapnu joj:

„Tvoju nevolju je izazvala ona rospija Ankora. Njena adresa je Ulica 31. oktobra broj 31. U ponoć, kada svi budu čvrsto spavali, idi do njene kuće. U zadnjem dvorištu pronaći ćeš metlu kojom čisti lišće. Zapali je i vradžbina će nestati. I zapamti, kada ti se glas vrati, o ovome nikada nikome nemoj pričati", reče čitačica struje i odgega se dalje niz ulicu.

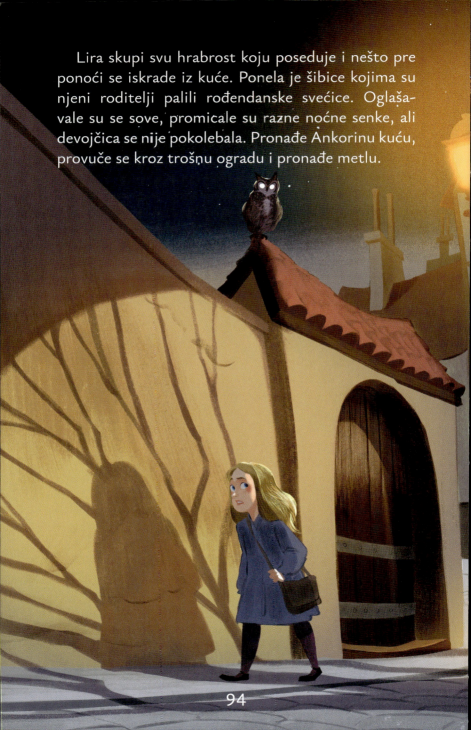

Lira skupi svu hrabrost koju poseduje i nešto pre ponoći se iskrade iz kuće. Ponela je šibice kojima su njeni roditelji palili rođendanske svećice. Oglašavale su se sove, promicale su razne noćne senke, ali devojčica se nije pokolebala. Pronađe Ankorinu kuću, provuče se kroz trošnu ogradu i pronađe metlu.

Čim uvezano granje planu, njoj se vrati glas. Ona zapeva tako glasno i radosno da nadjača i grozni vrisak veštice Ankore, koja u tom istom trenu shvati da je njena natprirodna moć zauvek nestala.

96

U danima koji su usledili, Lira zaista nikome nije ispričala kako je hrabro uspela da povrati svoj predivni glas, a nije se ni svetila ubogoj Ankori. Ne samo da joj je oprostila njen grozni čin već je počela i da obilazi staricu, shvativši da je njena zloba poticala od tuge i usamljenosti.

Čak su Lira i Ankora jednoga dana snimile duet, u kojem su uklopile svoje sasvim različite glasove, a koji je proveo čak pedeset sedam nedelja na četvrtom mestu muzičkih top-lista širom sveta!

Mali
žongler

O d kada zna za sebe, mali Bodin je lutalica, dete ulice. Da bi preživeo, odmalena je učio da žonglira. Svoju bi veštinu prikazivao na ulici, a oduševljeni građani su rado ubacivali brojne novčiće u prevrnutu kapu koju je postavljao ispred sebe.

Sakupljeni novac je trošio na hranu i polovnu odeću, ali i na knjige. Još od kada je sam naučio slova koristeći odbačene novine, stalno je čitao.

Spavao je u napuštenoj kuglani na kraju grada, koja je zbog visokih plafona bila kao stvorena za vežbanje njegove čudesne veštine. Jedini je znao skroviti ulaz kroz mali polukružni prozor pa tu zgradu nisu pohodile druge skitnice i secikese.

Često je bio tužan jer je sam, ali je bar imao ono što se naziva domom.

Jednoga jutra u kuglani planu požar. Mali žongler istrča na vreme, ali osta bez krova nad glavom. Nije dugo očajavao – iako malen, znao je da se od jadikovanja ne živi.

„Ne daj se!", uputi sam sebi reči ohrabrenja i krenu na gradski trg da obavlja svoj posao.

Premda nije znao kakva ga noć čeka, žonglirao je kao nikada ranije. Novčići su zvečali i kapa se brzo punila. Jedan prolaznik sa zavijenim rukama dugo ga je posmatrao, ali mu nije prilazio. Tek u sumrak on priđe Bodinu i ubaci mu u kapu nešto što ne zvecnu. Potom se neznanac okrete i izgubi u okolnim ulicama.

Kada je završio nastup, mali žongler se povukao da izbroji zarađeni novac. Među novčićima se nalazio i tajanstveni svitak. Brzo ga je odmotao. Slova su bila pisana drhtavom rukom, ali ipak čitka.

Pisalo je:

„Dok sam posmatrao tvoju veštinu, poželeo sam da ti dam mnogo novčića. Njih, nažalost, nemam, ali imam jednu ideju. Na pola dana hoda prema zapadu nalazi se imanje grofa Zmajskog, zemljoposednika i čudaka. Priča se da je potomak pravih zmajeva.

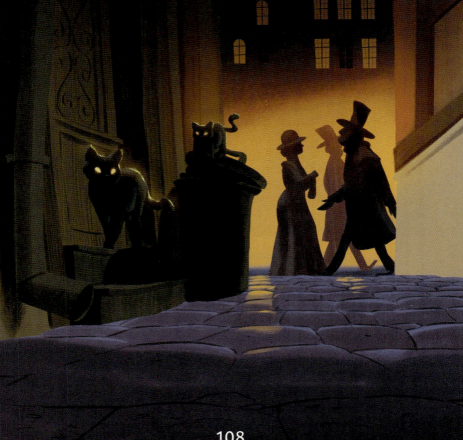

Njegovu kapiju ćeš lako prepoznati po iskovanim gvozdenim zmajevima na pročelju. On svoje bogatstvo često troši na bahate opklade i javne izazove. Nedavno je objavio da je naručio izradu pet jaja od čistog zlata i da će ih dati svakome ko ih golim rukama iznese sa imanja. Ali prokletnik ta jaja uvek drži na vreloj pari, tako da su veoma vruća i ne mogu se držati u ruci duže od nekoliko trenutaka. Mnogi su pokušali da ih odnesu, ali bi ih brzo ispustili, praćeni grohotnim smehom grofa Zmajskog i njegove garde.

Pokušao sam i ja, ali sam izdržao samo nekoliko koraka. Mislio sam da je izazov jednostavno nemoguće savladati, sve do večeras. Idi, mališa, zapuši usta tom bestidniku i odnesi mu ta jaja ispred nosa!"

Dečak je hodao čitave noći – ka zapadu, naravno.
Ionako nije imao kud.

Pronađe imanje grofa Zmajskog, priđe zlatnim jajima, hitro ih dohvati i poče njima da žonglira. Grof i njegova garda ga nemo ispratiše zapanjenim pogledima dok se udaljavao, vešto žonglirajući u hodu.

Dečak posta bogat i slavan, a delom novca obnovi staru kuglanu. U njoj otvori Školu žongliranja za siromašnu decu, koja se pročula širom sveta.

Za prvog upravnika svoje ustanove postavi onog promućurnog čoveka sa zavijenim rukama.

Devojčica
sa trubom

edini roditelji su čitavog dana radili u polju. Ona bi ostajala sama i obavljala poslove uobičajene za seosko domaćinstvo. Međutim, imala je jednu tajnu. Čim bi obavila sve što joj je zadato, Leda bi otvarala sanduk u kojem su njeni čuvali stare nasleđene stvari. Iz njega bi vadila olupanu trubu, čuvanu u svitku zelene čoje.

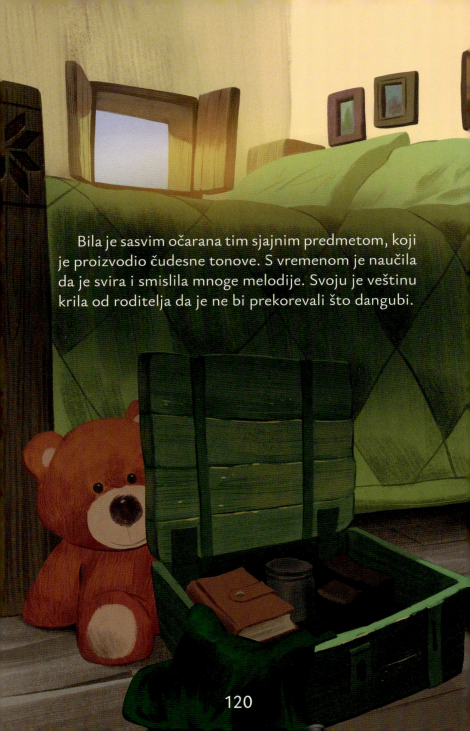

Bila je sasvim očarana tim sjajnim predmetom, koji je proizvodio čudesne tonove. S vremenom je naučila da je svira i smislila mnoge melodije. Svoju je veštinu krila od roditelja da je ne bi prekorevali što dangubi.

Jednom je Leda, želeći da trubom oponaša kukuri-
kanje petla, stvorila gromku melodiju u ritmu jurišnog
marša, koja je na čudesan način razbesnela kokoške.
Te su se bezazlene živuljke, koje su se inače lenjo

gegale po dvorištu, namah pretvorile u neustrašive grabljivice brzih kandži i opasnih kljunova. Utrčavši u kuću i zalupivši vrata, devojčica se sva zajapuri- la, preplašena od razjarenih ptica. Smirile su se tek posle nekoliko minuta tišine.

„Au, šta napravih!", reče uhvativši se za glavu.

Jednom se njeni roditelji iz polja vratiše ranije i zatekoše Ledu kako svira. Kada devojčica shvati da je uhvaćena na delu, poče da plače i da se izvinjava. Međutim, svirala je toliko lepo da su zadivljeni roditelji odustali od ozbiljnije grdnje.

„To je vojnička truba mog dede! Naravno, nije lepo što si je uzimala bez pitanja, ali izgleda da si nasledila njegovu veštinu. Pričalo se da su se mladi vojnici, kad bi deda zasvirao u to čudo, borili kao lavovi i bili nepobedivi!“, reče joj otac.

„Izgleda da je pradedi uspevalo sa ljudima ono što je meni uspelo sa kokoškama“, pomisli Leda začuđeno, ali ne reče.

„Očigledno je da si prvo obavljala sve poslove na imanju, pa tek onda svirala. To je lepo od tebe", pohvali je mati.

I tako devojčici bi dozvoljeno da svira. Leda je bila srećna.

Kada padoše prvi snegovi, vremena za trubu beše još i više. Devojčica je smišljala razne melodije i uveseljavala i roditelje i sebe. Godina im je bila rodna i zalihe velike, pa se nisu mnogo brinuli što je zima veoma oštra i duga.

Međutim, u šumama zavlada velika glad.

Jedne večeri, dok se iz gore čulo pucanje zaleđenih stabala, do njihovog imanja doluta čopor izgladnelih šakala sa severa.

Oštrim očnjaci-
ma iskidaše rezu na kapiji i
banuše u dvorište. Navališe i na
kućna vrata, grozno režeći.

„Gde je Leda?", zapita očajni otac
ženu kada shvati da devojčica nije s njima.

130

Tada se začu zvuk trube. Devojčica je stajala na krovu kokošinjca i svirala. Šakali se naglo okrenuše ka njoj, oblizujući grozne gubice. Trenutak potom jato

od četrdeset besnih kokošaka jurnu napolje i ustremi se na zaprepašćene grabljivce. Nasta opšte kokodaka-nje i kevtanje, kljucanje i grebanje. Šakali se bezglavo razbežaše, toliko da se jedva, daleko u planini, pono-vo okupiše.

Nikada više nisu pohodili Ledino imanje niti zaboravili „Kokošji juriš", kako je devojčica kasnije nazvala svoju čudesnu, spasonosnu melodiju.